mardi le 7/04/07

...MENT DU CATÉCHISME

DANS LE DIOCÈSE

DE BAYEUX ET LISIEUX

...PUIS LE XVIe SIÈCLE JUSQU'À NOS JOURS

BAYEUX

...AN, IMPRIMEUR DE Mgr L'ÉVÊQUE

1890

NOTICE

SUR

L'ENSEIGNEMENT DU CATÉCHISME

DANS LE DIOCÈSE

DE BAYEUX ET LISIEUX

I.

Depuis le Concile de Trente jusqu'à la Révolution.

Dans les premiers siècles de l'Eglise, le Catéchuménat avait été établi comme une sorte de noviciat pour les adultes qui sollicitaient leur admission dans la société chrétienne. Le catéchumène, durant cette épreuve, était instruit des vérités fondamentales du christianisme, et préparé par de longs et pieux exercices au sacrement de Baptême.

L'instruction religieuse des enfants chrétiens faisait partie de leur éducation. Ils la recevaient dans leurs familles et dans les écoles paroissiales, que l'Eglise multiplia dans tous les temps et qu'elle environna toujours d'une grande sollicitude. Les pasteurs la continuaient dans la prédication pastorale.

Cette discipline était générale dans nos diocèses de Normandie, à l'époque du Concile de Trente. Nous en trouvons l'expression assez exacte dans les Statuts du cardinal Le Veneur, évêque de Lisieux (1525).

Le pieux Pontife rappelle d'abord aux parrains et aux marraines l'obligation qu'ils ont contractée d'instruire leurs pupilles des éléments de la foi. Puis, tout en déclarant qu'il ne prétend pas aggraver les charges spirituelles des pasteurs, mais remettre en vigueur des traditions tombées en désuétude, il prescrit aux Curés et aux Vicaires d'exhorter souvent, publiquement et en particulier, les parents à donner à leurs enfants l'instruction religieuse, et il trace le programme de cet enseignement. Les enfants apprendront l'Oraison dominicale, la Salutation Angélique, les articles de foi contenus dans le Symbole des Apôtres et dans celui de Nicée; les commandements de Dieu et de l'Eglise et les autres éléments et principes de la foi. Il veut que les pasteurs s'informent avec diligence si les jeunes gens ont reçu cet enseignement, et, à défaut de maîtres, il exige qu'ils les instruisent eux-mêmes ou les fassent instruire par le clerc de la paroisse.

Le programme tracé par Mgr Le Veneur était le programme ordinaire de l'enseignement catéchistique; il comprenait le *Pater* et l'*Ave Maria*, et les commandements de Dieu et de l'Eglise. L'explication des sacrements était ordinairement réservée pour l'époque où les fidèles se préparaient à les recevoir.

Le Concile de Trente, qui travailla avec tant de zèle à rétablir la prédication pastorale, ne pouvait négliger de recommander aux pasteurs l'instruction religieuse des enfants. Dans sa session XXIV, il prescrit aux Evêques de veiller à ce que les enfants de chaque paroisse soient instruits avec soin, au moins les dimanches et jours de fêtes, par ceux à qui il appartient de le faire, des éléments de la foi, de l'obéissance envers Dieu et envers leurs parents. Il prescrit ces devoirs, même sous peine de censures, si l'Évêque les juge nécessaires.

Ces sages prescriptions portèrent leurs fruits. Plusieurs Conciles provinciaux les reproduisent dans leurs ordonnances et les imposent à leurs diocésains.

Celui de Rouen (1581), où siégèrent Bernardin de Saint-François, évêque de Bayeux, et Jean de Vassé, évêque de Lisieux, nous en fournit un exemple. Il ordonne que dans chaque paroisse, autant que faire se pourra, soit établi un clerc qui prêtera au Curé son concours, soit pour l'administration des

Sacrements, soit pour l'office divin, mais particulièrement pour apprendre aux enfants les éléments de la foi, l'obéissance à Dieu et à leurs parents. Ce clerc sera entretenu aux frais de la Fabrique, par des quêtes faites à l'église ou à domicile et par les offrandes volontaires des Curés (1).

Il est fait plusieurs fois mention de ce clerc auxiliaire dans les actes de nos églises. Déjà, au Concile de Reims, en 852, auquel prit part Baltfrid, évêque de Bayeux, il avait été statué que les doyens, dans leurs visites, rechercheraient soigneusement si le Curé avait près de lui un clerc auxiliaire capable de tenir les écoles et de travailler à l'éducation première de l'enfance. Nous avons vu Mgr Le Veneur énumérer le clerc paroissial parmi ceux qui ont mission de catéchiser les enfants. La présence de ce clerc, attaché aux paroisses et particulièrement chargé du Catéchisme, paraît s'être perpétuée dans nos deux diocèses jusqu'à la Révolution.

Le Concile de Rouen prescrit encore l'étude du Catéchisme à tous les élèves du séminaire. Il veut que les jeunes séminaristes étudient et apprennent le *Catéchisme catholique*, et qu'ils s'interrogent les uns les autres, soit sur la lettre, soit sur le sens de la leçon apprise. Les séminaristes admis aux saints Ordres, ou au moins à la cléricature, apprendront aussi cet abrégé de la doctrine chrétienne; mais ils y ajouteront l'étude du Catéchisme Romain.

Le *petit Catéchisme* ne doit jamais être omis, à cause des enfants de la ville ou de la paroisse rurale, qui viennent s'instruire au séminaire de la doctrine chrétienne (2).

On exerçait ainsi, sans sortir du séminaire, les jeunes clercs à catéchiser les enfants.

Enfin, le Concile entreprend la restauration des petites écoles qui avaient été dépouillées et ruinées pendant les troubles religieux et civils.

Le Catéchisme Romain que les clercs doivent apprendre, est

(1) *De Curatorum officiis*, 14.
(2) *De Scholis et Seminariis*, art. 19.

le Catéchisme du Concile de Trente, recommandé par nos Evêques de Normandie, et que chaque Curé de nos deux diocèses devait présenter aux délégués de l'Evêque dans les visites canoniques.

Nous ignorons ce qu'était le *Petit Catéchisme*, *Catechismi Catholici Compendium.* Etait-ce le Catéchisme de Bellarmin ou tout autre dont il ne serait pas resté de trace?

Du reste, les abrégés de la doctrine chrétienne destinés à l'instruction de la jeunesse s'étaient multipliés à l'aide de l'imprimerie. Nous trouvons vers cette époque, répandus parmi les fidèles, le petit Catéchisme de Bellarmin, traduit en français, le petit et le grand Catéchisme historique de Fleury, l'abrégé de la doctrine chrétienne du P. Bonnefons, jésuite, les entretiens familiers du presbytère sur ce que l'enfant doit faire ou fuir, par le même auteur, et d'autres encore. Rouen, Séez, Lisieux, avaient leurs catéchismes particuliers. En 1641, le P. Eudes avait rédigé un Catéchisme par demandes et par réponses, écrit dans un style simple et populaire; il était adressé aux missionnaires et particulièrement destiné à l'instruction des fidèles qu'ils évangélisaient dans leurs missions. C'est le premier qui ait été publié dans le diocèse de Bayeux. Trente ans plus tard, M. de Guerville, curé de N.-D. de Caen (aujourd'hui Saint-Sauveur) en publiait un autre sous le titre: *Les vérités de la Religion chrétienne*, qui reçut l'approbation de Mgr de Nesmond (1672).

N'était-il pas à craindre que ce grand nombre d'expositions familières de la doctrine catholique ne donnât lieu à quelque confusion dans l'enseignement religieux de la jeunesse chrétienne, ou, qu'au milieu des discussions ardentes et passionnées, soulevées par le Jansénisme, des erreurs ou des inexactitudes ne s'introduisissent dans cet enseignement, et n'en altérassent la pureté?

Pour prévenir ces inconvénients et pour rendre plus facile la surveillance de l'enseignement religieux, les Evêques de Normandie publièrent ou adoptèrent un Catéchisme spécial pour chacun de leurs diocèses, et l'imposèrent à l'exclusion de tout autre. En l'an 1600, le cardinal de Bourbon, archevêque de

Rouen, publia un Catéchisme qu'il rendit obligatoire dans son diocèse. Avranches (1600) et Coutances (1637) adoptèrent le petit Catéchisme de Bellarmin et le Catéchisme du Concile de Trente comme Catéchisme diocésain. Séez avait le grand et le petit Catéchisme publiés par Mgr Savary (1692). Nous ne connaissons que sur une indication le petit Catéchisme de Lisieux, très probablement publié par Mgr Aleaume, en 1630 ou 1631.

Celui de Mgr de Nesmond parut en 1700; il paraît avoir été rédigé sur le modèle de celui de Séez; il fut le premier Catéchisme diocésain de Bayeux. Dès son arrivée dans le diocèse, le pieux prélat témoigna de son zèle intelligent pour l'instruction chrétienne de la jeunesse. Dans un premier Synode, en 1662, il insistait sur la nécessité d'apprendre aux enfants les principaux mystères de notre Religion, de les former à la piété et de leur enseigner la manière de se confesser. Il n'ordonnait plus seulement aux pasteurs, comme les Conciles et les Synodes précédents, d'exhorter les parents et les maîtres à donner à leurs enfants une instruction religieuse, il leur en fait à eux-mêmes une obligation personnelle.

Renouvelant les règlements du Concile provincial de Rouen, il rend obligatoire l'étude du Catéchisme diocésain et du Catéchisme du Concile de Trente dans les trois séminaires de Caen, de Bayeux et de La Délivrande, ainsi que dans les presbytères où l'on formait de jeunes clercs. Dans le concours qui avait lieu à Bayeux pour dix-huit bourses fondées par Mgr de Matignon, ancien évêque de Condom, l'examen sur le Catéchisme suivait l'examen sur la Philosophie.

Le zèle du pieux Pontife ne se borna pas à la publication d'un Catéchisme diocésain, qui fût, dans son diocèse, l'abrégé officiel de l'enseignement catholique. Il nous apprend lui-même qu'il publia également un Catéchisme pour les fêtes, précédé d'une table détaillée pour faciliter aux enfants l'intelligence des solennités liturgiques. Nous n'avons plus ce Catéchisme de fêtes que tout Curé devait, aux termes du règlement de Catéchisme, faire apprendre aux enfants du grand Catéchisme le dimanche qui précédait la fête.

C'est animé par le même zèle que Mgr de Nesmond provoqua la fondation d'un grand nombre d'écoles catholiques et qu'il composa ces règlements si sages et si pieux pour la bonne direction de ces précieux établissements. Comme plusieurs parties de son diocèse étaient encore privées d'écoles ou de maîtres, il exhorte les ecclésiastiques à ne point dédaigner le ministère d'instituteur, si utile à l'Église et à l'État, et il rappelle les Ordonnances du Concile sur ce point, pour suppléer à la direction que les enfants ne trouvaient pas dans leurs familles.

Mgr de Nesmond publia, en même temps que son Catéchisme, un abrégé de la doctrine chrétienne pour les enfants. Ce petit Catéchisme comprend 27 pages en 17 leçons. Les questions et les réponses sont très simples et très brèves. Le grand Catéchisme comprend 309 pages ; il se termine par les prières du matin et du soir, par des exercices de piété pour entendre la Messe et se préparer à la Confession et à la Communion, et par une méthode pour faire oraison. L'auteur a placé en tête un ensemble de règles pour faire utilement le Catéchisme. A l'exemple de Mgr Savary, qu'il semble avoir pris pour modèle, il descend jusqu'aux moindres détails : la manière de placer les enfants, de les interroger, d'exciter leur émulation. Il veut que le Catéchiste ne se contente pas de donner aux enfants une connaissance exacte et suffisante de leur religion, mais qu'il les forme à une piété solide.

Il demande : Qu'il soit homme d'oraison, se ressouvenant que les Apôtres se remplirent du Saint-Esprit avant d'instruire les autres ;

Qu'il ait beaucoup d'humilité, pour se réputer, quelques qualités qu'il ait, indigne d'un emploi qui le fait coopérer avec Jésus-Christ au salut des âmes ;

Qu'il se munisse de patience pour supporter avec douceur et charité la faiblesse et l'ignorance des enfants, se ressouvenant de la manière dont N. S. supporta les défauts de ses Apôtres, qui étaient d'abord si grossiers ;

Qu'il ait beaucoup de prudence et de discrétion pour s'accommoder des différents naturels des enfants, dont les uns veulent être traités avec amour, et les autres par la crainte, et pour ne dire ni ne faire rien qui puisse leur donner quelques mauvaises impressions.

Ces avis n'ont pas vieilli ; ils sont pour nous un enseignement précieux, en même temps qu'ils manifestent le zèle et la piété de Mgr de Nesmond, qui fut un des plus grands Evêques de Bayeux.

En 1750, Mgr de Luynes, son successeur, qui réédita nos livres liturgiques et qui donna au diocèse son premier Rituel, substitua un Catéchisme nouveau au Catéchisme de Mgr de Nesmond. Comme Mgr de Nesmond, il publia un grand et un petit Catéchisme.

Le grand Catéchisme de Mgr de Nesmond s'adresse moins aux enfants qu'aux fidèles déjà instruits. Les réponses sont longues et difficiles à retenir. C'est pourquoi il était défendu de le mettre entre les mains des enfants avant l'âge de dix ans accomplis, parce que, disait le vénérable prélat, ils n'en profiteraient pas.

Le grand Catéchisme de Mgr de Luynes est plus élémentaire. Il est rédigé, non-seulement pour servir de thème à une explication de la doctrine, mais pour être appris et retenu par cœur. Il devait donc être moins développé et plus accessible à des mémoires et à des intelligences encore tendres et peu exercées. Aussi les définitions sont-elles généralement nettes et courtes. Le petit Catéchisme de Mgr de Luynes est, au contraire, moins élémentaire que celui de Mgr de Nesmond ; les réponses sont plus développées et moins précises.

En comparant le Catéchisme de Mgr de Luynes avec le Catéchisme de Rouen, publié par Mgr de Tressan, en 1730, on constate, qu'à l'exception de quelques changements d'une médiocre importance, Mgr de Luynes avait adopté le Catéchisme de l'Eglise métropolitaine, qui avait conquis, dès son apparition, une estime méritée.

Mgr de Luynes ne manqua pas de recommander les fonctions de Catéchiste dans ses Statuts synodaux de 1735 : « Le Caté- « chisme, dit-il, est une partie essentielle de l'instruction reli-

« gieuse, puisque, sans le lait de la doctrine chrétienne, les « âmes sont incapables de profiter d'une nourriture plus solide. « Conformément aux saints Canons, nous ordonnons que les « enfants soient instruits, dans chaque paroisse, des principes « de la foi, de l'obéissance qu'ils doivent à Dieu et aux puis- « sances qui les gouvernent ; enjoignons très expressément aux « Curés de faire par eux-mêmes ou par d'autres ecclésiastiques « le Catéchisme... Ils avertiront les pères et mères, les maîtres « et les maîtresses, de l'obligation indispensable où ils sont « d'envoyer leurs enfants et leurs domestiques aux instruc- « tions... Comme les petites écoles sont établies non-seulement « pour apprendre aux enfants à lire et à écrire, mais encore « pour les instruire de la doctrine chrétienne, il est important « de ne confier cette fonction qu'à ceux qui en seront reconnus « capables... Ils auront soin de conduire les enfants à la Messe « les jours ouvriers, et veilleront à ce qu'ils assistent avec res- « pect au service divin les jours de dimanche et de fête. Ils leur « enseigneront, deux fois la semaine, le Catéchisme, et leur « feront faire tous les jours la prière du matin et du soir. »

Ces règlements révèlent, non-seulement l'ardente sollicitude du Prélat pour l'instruction et l'éducation religieuse de la jeunesse, mais encore l'empire que la foi conservait sur les chrétiennes populations de la Normandie.

Mgr de Rochechouart conserva le Catéchisme de Mgr de Luynes, et le fit rééditer en 1775.

Mgr de Cheylus, arrivé dans le diocèse en 1777, employa son zèle et ses ressources à la restauration et à la fondation d'établissements d'éducation chrétienne ; il établit en particulier les filles de la Providence à La Délivrande, et l'institut des Frères à Bayeux. Il fit réimprimer, en 1778, le petit et le grand Catéchisme en usage dans le diocèse. Son mandement est du 20 août de la même année... « Ayant trouvé, dit-il, lorsqu'il a plu « à la divine Providence de nous appeler au gouvernement de « ce diocèse, que l'uniformité dans la méthode de l'enseigne- « ment catholique y était sagement établie, pour l'y maintenir, « et afin de conserver le dépôt de la foi qui nous est confié,

« nous avons ordonné la réimpression de ce petit Caté-
« chisme, dont l'édition est déjà épuisée, voulant qu'il continue
» à être enseigné seul dans notre diocèse et vous défendant,
« sous les peines de droit, de vous servir d'aucun autre ; ordon-
« nons à tous les Curés de notre diocèse d'enseigner eux-
« mêmes le présent Catéchisme, et d'empêcher qu'il n'en soit
« enseigné d'autre dans leurs églises et dans les écoles de leurs
« paroisses. Enjoignons aussi à tous les supérieurs et supé-
« rieures des communautés séculières et régulières, exemptes
« ou non exemptes, de faire exécuter notre Mandement par
« ceux qui leur sont soumis. Exhortons tous les pères et
« mères de famille de faire une étude particulière du présent
« Catéchisme, pour leur instruction et celle de leurs enfants,
« auxquels ils le feront lire souvent, ainsi qu'à leurs domes-
« tiques. »

Le petit et le grand Catéchisme furent imprimés à Bayeux chez Nicolle. Le petit Catéchisme contient 40 pages et le grand 162. Ensuite vient le Catéchisme des Fêtes, qui contient 70 pages.

Mgr de Cheylus renouvela, en 1781, les Statuts synodaux de Mgr de Luynes, de 1735, et reproduisit textuellement les Ordonnances relatives au Catéchisme dans les églises et dans les écoles.

Dans les villes, des concours de Catéchisme, appelés *disputes*, où les enfants les plus avancés s'interrogeaient mutuellement en présence d'une société choisie, stimulaient heureusement le zèle des parents, des maîtres et des Catéchistes, et l'émulation des enfants. Les disputes de la paroisse de St-Etienne de Caen étaient renommées parmi les autres, vers l'an 1770. Longtemps après, de pieux et doctes ecclésiastiques, ayant exercé de hautes fonctions, se souvenaient avec bonheur de ces duels pacifiques et montraient encore, non sans émotion, les récompenses qu'ils avaient obtenues, et qu'on appelait les Prix des disputes du Catéchisme.

Vers la même époque, les Evêques de Lisieux donnèrent tous leurs soins à l'instruction de la jeunesse. Léonor II de Matignon ordonna à tous les Ecclésiastiques ayant charge d'âmes de faire le Catéchisme tous les dimanches, sous peine de *suspense* contre ceux qui y manqueraient trois dimanches consécutifs (1). Son successeur, Mgr de Brancas, dans ses Statuts de 1730, rappelle aussi aux Curés l'obligation de catéchiser les enfants. Par ses efforts persévérants, l'institution des Filles séculières de la Providence fut confirmée par le Roi en 1723; le prieuré de Beaumont-en-Auge fut transformé en une école, que ce généreux Prélat dota libéralement; il fonda, en outre, une école chrétienne de jeunes filles dans la paroisse de Beaumont, et la mit sous la conduite des filles de la Providence.

Mgr de Condorcet publia, en 1766, un nouveau Catéchisme pour son diocèse, « parce que, dit-il, le Catéchisme jusqu'alors « en usage était trop abrégé et, en même temps, chargé de « réponses si longues, que les enfants qui ont le plus de mé- « moire ne peuvent les retenir qu'avec peine. » Il divisa en plusieurs questions celles qui lui paraissaient les plus compliquées, donna plus de développement à quelques leçons et en ajouta de nouvelles. Il se servit, pour cette révision, du Catéchisme de Rouen et du Catéchisme de Bossuet. En tête de l'ouvrage se trouve un abrégé de l'Histoire Sainte emprunté, en grande partie, au Catéchisme de Meaux, puis des instructions, sous forme catéchistique, sur les Sacrements de Pénitence, d'Eucharistie et de Mariage, à l'usage de ceux qui se disposent à les recevoir.

Il fit un abrégé de ce Catéchisme à l'usage « des petits enfants « et de ceux qui ont l'esprit borné ». Ce petit Catéchisme, qui suit le même ordre que le grand et emploie les mêmes termes, contient 42 pages. L'ouvrage se termine par un exercice pour bien régler les actions de la journée, par la prière du matin et du soir, et par les répons de la Messe.

Il publia encore un abrégé de l'Histoire de l'Ancien Testament et une Histoire abrégée de la Vie de N. S. Jésus-Christ composée, en 1700 ou 1703, par Mgr Feydau de Brou, évêque d'Amiens, à l'usage des écoles de sa ville épiscopale. En les adoptant pour son diocèse, l'Evêque de Lisieux ordonna de les

(1) *Ordonnances*, V.

lire dans les écoles après qu'on aurait lu le Catéchisme, et exhorta les Catéchistes à les expliquer à l'église... « Ils ont « produit de si grands fruits, dit-il, que nous avons cru devoir « les préférer à plusieurs autres sur la même matière. »

Dans le Mandement qu'il publia, en date du 25 septembre 1766, pour rendre obligatoires son grand et son petit Catéchisme dans toutes les Eglises et les Ecoles du diocèse de Lisieux, Mgr de Condorcet insiste sur l'importance du ministère catéchistique auprès des enfants. « Le Catéchisme, dit-il, est la « véritable semence sans laquelle le ministre de l'Evangile ne « peut se promettre aucune récolte, parce que ce n'est que là « que les enfants apprennent, pour l'ordinaire, à connaître « Dieu et à le servir, et où la plupart des gens de la campagne « et les personnes simples peuvent s'instruire des vérités abso- « lument nécessaires au salut. Quel devoir serait donc plus « essentiel pour un pasteur, comptable à Dieu de la perte de « ceux qu'il a associés à sa foi par le Baptême ? Il doit sans « cesse travailler à la faire croître en eux. Comme c'est de lui « qu'ils tiennent le glorieux titre de chrétien, c'est à lui de les « instruire des devoirs que ce titre auguste leur impose. Après « les avoir plantés dans le champ de Jésus-Christ, il doit les « cultiver pour les faire fructifier dans le temps pour le Ciel. »

Plus loin, le zélé Pontife ajoute des conseils qu'aucun Catéchiste ne doit négliger.

« Qu'on ne croie pas, dit-il, que tout est fait quand on a « appris aux enfants superficiellement quelques vérités spécu- « latives. Qu'on ne s'imagine pas que toute leur instruction « consiste à charger leur mémoire de termes et d'expressions « qu'ils comprennent à peine. On doit expliquer les vérités de « la foi avec toute la clarté dont elles sont susceptibles, les « faire écouter avec une sainte avidité, et ne se lasser jamais « de les répéter, jusqu'à ce que les enfants les aient apprises et « qu'elles aient fait de vives impressions sur leurs cœurs. « Quelques difficultés que le Catéchiste rencontre, il ne doit « jamais se rebuter, et, pour cela, il faut qu'il soit animé de cette « charité qui tolère tout, espère tout et supporte tout. C'est

« l'exemple que nous a donné notre divin Sauveur pendant « le temps de sa vie publique. C'est en suivant ce divin mo- « dèle que vous aurez la douce consolation de voir les enfants « avancer dans les sentiers de la vérité et de la justice. »

Nous avons rapidement rappelé les œuvres entreprises depuis le Concile de Trente jusqu'à la Révolution, par les Evêques de nos deux diocèses de Bayeux et de Lisieux, pour procurer à la jeunesse le bienfait d'une éducation chrétienne. Nous avons étudié les règlements qu'ils donnèrent à leurs prêtres dans les Conciles provinciaux et dans les Statuts diocésains pour les diriger dans l'art si délicat de catéchiser les enfants. Nous avons vu en quelle estime ils avaient ce ministère. Nous avons recueilli leurs exhortations pleines d'une foi si ardente, et leurs avis si paternels et si sages. C'est un patrimoine précieux que nous devons conserver et transmettre à ceux qui viendront après nous.

L'éducation chrétienne fut toujours l'œuvre commune de la famille et de l'Eglise. La famille eut d'abord la première part dans cette œuvre. L'Eglise lui donna pour auxiliaire l'école chrétienne. Elle intervient à son tour avec les pouvoirs surnaturels qu'elle a reçus de J.-C. Son intervention s'étend, à mesure que la famille devient moins soucieuse de ses devoirs et l'école plus insuffisante. Les Evêques, qui avaient exhorté les parents et les maîtres à donner à leurs enfants les éléments de la doctrine, en font une obligation plus rigoureuse et plus personnelle aux pasteurs eux-mêmes. Ils composent des abrégés de l'enseignement catholique, ils établissent ces instructions familières, particulièrement destinées aux enfants, que nous appelons le Catéchisme.

II.

Pendant la Révolution.

Les Evêques de Normandie rivalisaient de zèle pour l'éducation de la jeunesse. Les Catéchismes étaient en honneur. Les écoles chrétiennes étaient relevées ; de nouvelles étaient fondées. Peu d'enfants de nos paroisses rurales ignoraient la lecture et l'écriture. Tous, à de très rares exceptions près, savaient leurs prières et les principes fondamentaux de la doctrine chrétienne. Les premières communions générales commençaient à entrer dans les mœurs, mais elles continuaient à se faire à Pâques. On achevait avec grand soin la préparation à ce grand acte pendant le Carême.

Ainsi, l'Eglise réparait les blessures qu'elle avait reçues des hérésies. La Religion renaissait dans les populations paisibles.

La Révolution vint brusquement suspendre ce mouvement religieux. Nous ne la jugeons ni au point de vue politique, ni au point de vue social. Nous ne voulons parler que de la persécution qu'elle dirigea contre le Christianisme. Avec moins de dissimulation, mais avec plus de violence qu'à notre époque, une secte impitoyable, après s'être emparée des pouvoirs publics, entreprit d'étouffer la Religion en France, et de faire des Français un peuple d'athées. On bannit le prêtre de l'église ; on chassa Dieu de l'école. En supprimant le culte catholique, on dissolvait la société chrétienne. En interdisant l'enseignement religieux dans l'école, on espérait éteindre tout espoir de résurrection religieuse.

Cependant le sentiment religieux, affaibli dans les classes supérieures, était encore profond dans les populations. Il eût été impolitique de n'en pas tenir compte.

On essaya de lui donner une autre direction et un autre aliment. On substitua aux fêtes religieuses des fêtes politiques ; à l'Evangile de J.-C., un évangile républicain ; au Décalogue, les *dix commandements de la République ;* aux six commandements de l'Eglise, les *six commandements de la Liberté ;* au Catéchisme catholique, des *Manuels républicains,* comme de nos jours ; on ajouta, ce que nous n'avons pas encore, des *Pensées républicaines pour tous les jours de l'année.* La piété religieuse était remplacée par je ne sais quelle vague sentimentalité, quel attendrissement pour les souffrances de l'humanité, quelle admiration prétentieuse pour les beautés de la nature et pour la simplicité de la vie champêtre, dont Rousseau fut le plus éloquent prédicateur.

Cette religiosité sans Dieu, où l'imagination avait plus de part que l'intelligence et le cœur, est particulièrement sensible dans un document curieux, écrit et imprimé à Bayeux chez la veuve Nicolle. Le citoyen Simien-Despréaux, grand-vicaire du citoyen Fauchet, évêque du Calvados, adressait, le 3 fructidor an II, au comité d'instruction publique de la Convention, un programme d'éducation *morale et nationale.*

En tête, on lit : « Inoculation morale : *Omne tulit punctum « qui miscuit utile dulci.* » (Horace.)

« Aux citoyens de Bayeux et à tous Français qui désireront « concourir à la réalisation de ses projets.

« Citoyens, elle est enfin arrivée cette époque mémorable où « l'on peut développer dans le cœur de l'homme les sentiments « qui sont la base de son bonheur, et lui apprendre à s'hono- « rer de ses facultés sublimes. » L'homme, avant le citoyen Despréaux, était égaré et marchait dans des voies ténébreuses.

Despréaux se donne la mission de le ramener à sa vraie destination, « à ses goûts et à ses penchants primitifs... Il faut « que l'homme coule des jours paisibles et fortunés... Aucun « n'a encore saisi le véritable principe des règles de la morale... « Il est nécessaire de donner une physionomie riante à la sa- « gesse et à la vertu, afin de les rendre un objet de séduction

« pour les cœurs corrompus. » Il veut ranimer le goût des sciences et des arts négligés durant le cours d'une révolution orageuse... « C'est la vertu des parents qui est la base d'une « bonne éducation... Il faut conduire les jeunes gens chez les « malheureux pour les soulager, les consoler et leur faire goû- « ter les plaisirs de la vie champêtre et les plaisirs des premiers « âges du monde... On couronnera la beauté vertueuse des « roses de la jeunesse et de l'innocence. La violette, l'anémone, « l'immortelle s'empresseront de parer sa chevelure et parfume- « ront le banquet champêtre et frugal... On tracera les devoirs « de l'union conjugale... La chimère des siècles d'or se réali- « sera... Ah ! s'écrie-t-il dans son enthousiasme pour ses chi- « mériques conceptions, si ce faible écrit pouvait ranimer le « goût de la vie champêtre ! cette idée consolante fera le charme « de mes jours, et répandra sur ma carrière des délices inex- « primables. »

Tels sont, nous ne dirons pas les principes de la Religion nouvelle, mais les sentiments qu'elle doit inspirer. C'est pour les cultiver que le culte est établi. « Ses fêtes seront, dit-il, aussi « décentes qu'agréables. En mai, la fête du printemps ou de la « jeunesse; en juin, la nouvelle Rosière ou la fête de la beauté « vertueuse; le 14 juillet, la fête de la liberté; en août, la fête « de la piété filiale ou fête des vieillards; en septembre, la fête « des époux ou de l'union conjugale; en octobre, la fête de l'au- « tomne ou de la reconnaissance.

« J'ose croire, ajoute-t-il, que parmi toutes ces fêtes, on n'en- « tendra que les accents d'une douce joie. Que je plaindrais un « peuple qui ridiculiserait des fêtes semblables ! »

Le citoyen Simien-Despréaux avait-il conscience du caractère de son œuvre, et s'efforçait-il de se la dissimuler à lui-même ?

Il est plus facile, quand on dispose de la force, de fermer des Eglises, de massacrer des prêtres et d'envoyer des femmes à l'échafaud, que de fonder une religion nouvelle, surtout chez un peuple qui a subi l'influence du christianisme. La Religion de la République eut peu de succès parmi nos sages populations normandes.

Les prêtres restés parmi nous au péril de leur vie, et les parents demeurés chrétiens, enseignèrent en secret aux enfants le petit Catéchisme du diocèse. Il fut réimprimé en pleine révolution. Le grand Catéchisme fut aussi réimprimé en Angleterre par M. Le Boussonnier, imprimeur à Londres, l'un des plus vénérables prêtres de notre diocèse. Même pendant la Terreur, des enfants furent préparés à la première communion, et des premières communions générales furent célébrées dans des chambres, dans des caves, sous des hangars, et partout où la prudence, au service du zèle, pouvait le permettre. Il n'était pas rare de rencontrer, il y a quelques années, des vieillards qui n'avaient jamais su lire, et qui récitaient encore le petit Catéchisme qu'on leur avait appris pendant la tourmente révolutionnaire. Des tonsurés, des minorés, des sous-diacres furent plus d'une fois surpris instruisant les enfants et cruellement maltraités. Plusieurs payèrent de leur vie leur zèle apostolique.

La Convention avait confisqué toutes les dotations des écoles par des lois successives, qui furent appliquées dans le Calvados en octobre 1793 et en mars 1795. Les nouvelles écoles qu'elles avaient décrétées pour supprimer tout enseignement religieux, ne se fondaient qu'en un petit nombre de localités. Ni maîtres ni élèves ne se présentaient, malgré les menaces et les persécutions. En secret, au péril de leur liberté et même de leur vie, d'anciens instituteurs continuaient d'enseigner aux enfants les prières et le Catéchisme, et repoussaient les nouveaux manuels qu'on avait distribués avec solennité dans les départements, et dans lesquels il n'était question ni de Dieu, ni de l'âme, ni des destinées de l'homme. Que d'actes de foi courageuse accomplis parmi nous en ces jours de Terreur! Un de ces instituteurs fidèles avait continué d'exercer ses fonctions aux environs de Vire, mais il continuait aussi d'enseigner le Catéchisme catholique, et non le Catéchisme de la Constitution (1). L'école fut fermée et le maître privé de sa liberté. Ni promesses, ni menaces n'ébranlèrent sa constance. Un jour, un homme se présente à lui

(1) Imprimé à Caen, chez Chalopin, 48 pages in-18.

dans sa prison : il venait lui offrir sa délivrance, à la condition de professer les nouvelles maximes. Mais le captif, repoussant ces propositions avec une indépendance toute chrétienne, jeta à celui qui avait trahi sa foi cette fière réponse : « Monsieur, retirez-vous : je ne veux rien de vous, pas même la liberté. » Et il resta en prison (1). Comment de tels hommes n'eussent-ils pas conquis l'estime et la confiance qu'ils méritaient si bien ?

En effet, les populations repoussaient les écoles et les maîtres sans religion, et envoyaient leurs enfants dans des écoles d'*incivisme* où l'on apprenait le Catéchisme catholique.

On fermait les établissements, mais ils se rouvraient; on se confinait dans les maisons particulières. Deux capucins, les PP. Lefebvre et Fillastre ouvrirent une école à Falaise; deux religieuses en firent autant. Le ministre de l'intérieur, à qui furent dénoncées ces écoles « de fanatisme et d'hypocrisie où l'on enseignait à haïr le Républicanisme, » les fit fermer en brumaire an VIII.

Ces résistances excitaient l'indignation des patriotes, et, comme à l'ordinaire, ils faisaient appel à la force publique. Mais leurs dénonciations ne font que constater la répugnance des parents à livrer leurs enfants à la direction de maîtres athées.

La plupart des rapports adressés à la Convention ou au Directoire constatent, sous une forme ou sous une autre, que les parents se souciaient peu que les enfants apprissent autre chose, s'ils ignoraient le Catéchisme.

La loi du 7 nivôse an VIII, sur la liberté des cultes, rendit plus vive la lutte entre les écoles officielles et les écoles privées. Les instituteurs, voyant affluer les élèves auprès des maîtres catholiques, voulurent jouir de leur liberté, et reprirent aussitôt, même à Paris, le Catéchisme et l'Evangile. Fourcroy, l'ancien président du club des Jacobins, ayant été envoyé dans le

(1) Ce vaillant Chrétien se nommait Jean Fleury. Rendu plus tard à la liberté, il ouvrit une école libre, mais il refusa le serment à la Constitutiou de l'an VIII, et dut renoncer encore à ses fonctions.

Calvados pour faire une enquête officielle sur les progrès de l'instruction civique, écrit que les écoles n'y étaient pas organisées, les instituteurs et les institutrices n'ayant pas la confiance des parents, et que « le défaut d'instruction sur la Reli« gion était le motif principal qui empêchait les parents d'en« voyer leurs enfants à ces écoles. »

Le 5 frimaire an VIII, le citoyen Dossin, commissaire du pouvoir exécutif à Bonnebosq, se plaignait à l'administration centrale du département que l'on ne tenait aucun compte des institutions républicaines. « Les maîtres et les maîtresses d'école « se multiplient dans toutes les communes, écrivait-il, sans « avoir les qualités requises ni remplir les formalités légales, de « sorte qu'il ne se trouve plus d'élèves aux écoles des instituteurs « reconnus par la loi ; par conséquent, pas d'enfants aux fêtes « décadaires, et la morale républicaine est, sinon méprisée, du « moins partout oubliée. Les lois sur cet objet et les arrêtés de « l'administration centrale sont violés ; les lois sur les jours de « la décade ont été pendant quelque temps reconnues ; aujour« d'hui, tout le monde, pour ainsi dire, les viole. Malgré les cita« tions en police contre les contrevenants précédemment condam« nés à l'amende, tout le monde travaille ledit jour décadaire. » La réponse à sa plainte se faisant attendre, il s'adresse au ministre, le 4 nivôse (25 octobre 1799), répétant les mêmes doléances et accusant le commissaire central du département de ne lui avoir pas répondu. « L'instituteur de Bonnebosq avait 150 élèves ; mais il n'en a plus dix, par le prétexte qu'il leur enseigne la morale républicaine, les conduit aux fêtes décadaires, et se sert des livres ordonnés pour leur apprendre le républicanisme. Depuis plus d'un an, il n'a pu obtenir la construction d'un temple décadaire et d'un autel de la patrie. C'est sous les hochets de la superstition qu'on célèbre les fêtes de la décade. »

Il est triste à dire que le ministre de l'intérieur, qui était l'illustre Laplace, ancien élève de l'école de Beaumont-en-Auge, donna des encouragements à ces fanatiques doléances (1).

(1) *Archives nation. à Paris, Calvados,* F 1c. *III,* 12.

L'éducation et le culte républicain, qui, dans la pensée des patriotes, devaient transformer la France, ne furent pas mieux appréciés par les habitants de la plaine de Caen que par ceux du pays d'Auge.

Le citoyen Cosnard, prêtre jureur, puis apostat, était commissaire du canton de Pont, mais son zèle était capable de surveiller même les cantons voisins. Il habitait à Ernes, et il avait découvert dans la paroisse de Mézières, voisine d'Ernes, une école où l'on apprenait à lire dans le Catéchisme ; il en informa bien vite l'administration centrale du département.

« Dans cette commune rebelle de Mézières, dit-il—28 octobre « 1799—le prétendu instituteur fait régulièrement, toutes les « semaines, le Catéchisme qu'on enseignait autrefois à Séez.— Mézières faisait partie du diocèse de Séez avant le Concordat.— « Ce qui fait que l'instituteur d'Ernes, militaire réformé, excel- « lent républicain, qui enseigne les principes actuels, voit jour- « nellement son école se dégarnir, par la raison, disent les « parents fanatiques, qu'il n'enseigne point comme celui de « Mézières... Il est urgent d'apporter un remède à un mal qui « va faire de rapides progrès. »

Sur cette dénonciation, l'administration centrale du Calvados s'enquit des faits auprès du commissaire de Saint-Silvain — d'où ressortissait la commune de Mézières. « Quel est « cet instituteur, pieux agent de contre-révolution, qui caté- « chise journellement les infortunés élèves du Royalisme ? Il « faut le punir selon la rigueur des lois qu'il reconnaît, et aux- « quelles il affecte d'insulter par des transgressions scanda- « leuses. »

L'administration de Saint-Sylvain répondit, quelques jours après, que la jalousie, plutôt que l'amour du bien public, a noté l'instituteur de Mézières comme un agent de contre-révolution. « Il est possible, ajoutent les administrateurs, qu'il se soit servi « de vieux livres, mais ce n'est pas là qu'existe le danger d'une « mauvaise institution ; c'est dans la morale, et jamais il ne « s'est donné pour en être professeur. Il est vrai, comme le « porte la dénonciation, que la nuit appelée jadis nuit de Noël,

« les enfants ont tinté la cloche de Mézières; mais la liberté des « cultes ne permet-elle pas aux citoyens de se rassembler toutes « les fois qu'il leur plaît, dans les lieux où ils ont coutume de « célébrer ? à Rouvres, canton de Pont (celui du dénonciateur) « on sonne aussi la cloche, et ce délit a lieu tous les dimanches. « Les enfants de Mézières n'ont agi que par imitation. Notre « canton de Saint-Sylvain ne vit pas plus explicitement sous « les auspices de la loi que les cantons qui l'environnent, et « quoique plus calme et moins âpre que certains autres, il con- « court aussi puissamment au bonheur de la République. »

Cette réponse ne détruisait pas le délit, mais elle était assez ferme, et cela suffisait pour triompher d'une administration départementale qui fléchissait presque toujours devant les citoyens résolus. Le département remercia le canton de Saint-Sylvain des renseignements, et écrivit une lettre plus que sévère au dénonciateur Cosnard.

Cependant le canton de Saint-Sylvain feignit de recommander à l'instituteur quelque modération dans l'usage du Catéchisme. L'école continua d'être ouverte à tous les enfants du voisinage; le Catéchisme, d'y servir de manuel de lecture et d'instruction morale et civique. Peu de jours après, les enfants sonnaient, en dépit de la loi, la cloche de Mézières, en l'honneur des citoyens des communes voisines, qui, bravant toutes les menaces, se rendaient processionnellement à la chapelle de Saint-Roch, à Vicques, sur le territoire du dénonciateur.

Ces documents, qui appartiennent à l'histoire du diocèse, nous font saisir sur le vif, quel était le respect des patriotes jacobins pour la liberté de conscience, et les répugnances invincibles de nos populations, encore profondément chrétiennes, pour les ridicules inventions républicaines.

Que de rapprochements avec notre époque se présentent naturellement à notre esprit ! Nous les écartons, nous souvenant que nous ne traçons qu'une simple Notice de l'enseignement du Catéchisme dans le diocèse pendant cette triste et douloureuse période.

III.

Depuis le Concordat jusqu'à nos jours.

Le Concordat mit définitivement fin à la persécution, et la Religion comprimée si longtemps reprit son essor.

Les anciennes circonscriptions diocésaines avaient été remaniées ; le diocèse de Lisieux était supprimé et son territoire réuni en grande partie au diocèse de Bayeux. Les limites réciproques des diocèses de Coutances, de Séez et de Bayeux avaient été modifiées : telles paroisses du diocèse de Séez et de Coutances appartinrent au diocèse de Bayeux, et telles paroisses du diocèse de Bayeux furent annexées, en échange, au diocèse de Coutances ou de Séez. Chaque paroisse, à de rares exceptions près, tenait à son Catéchisme et à sa liturgie ; il en résulta quelque diversité inévitable dans l'enseignement catéchistique de ces diocèses. Les catéchismes de Lisieux et de Séez furent réimprimés par l'autorité diocésaine nouvellement constituée ; il en fut de même du Catéchisme de Bayeux en usage avant la Révolution. Nous ignorons si le catéchisme de Coutances fut réédité et conservé dans les anciennes paroisses de Coutances que la nouvelle circonscription avait données à Bayeux.

Dans ces premières années, où tout était à reconstruire, le petit Catéchisme fut préféré presque partout au grand. La nécessité de préparer promptement à leur première communion un nombre considérable de jeunes gens et de jeunes filles, qui ignoraient les premiers éléments de la Religion, imposait une méthode brève et facile.

Quelques années plus tard, vers l'an 1806, à l'instigation de Napoléon Ier, un Catéchisme unique fut adopté par toutes les Eglises de l'empire français. Cet ouvrage fut d'abord soumis au cardinal Caprara et approuvé, sans réserve, par un acte daté de Paris, le 30 mars 1806; il fut imposé à tous lés Evêques français par un décret de l'Empereur, du 4 avril de la même année.

Ce Catéchisme, dont la rédaction est attribuée au cardinal d'Astros, archevêque de Toulouse, reproduit dans presque toutes ses parties le Catéchisme de Bossuet. La leçon VII de la seconde partie sur les devoirs des chrétiens envers Napoléon Ier et ses futurs héritiers et légitimes successeurs, suscita, dès le principe, de nombreuses et trop légitimes critiques. Toutefois, on ne peut méconnaître qu'il n'ait une sérieuse valeur.

Les prières du matin et du soir y sont suivies de l'abrégé d'histoire sainte, tiré en grande partie de l'ancien Catéchisme de Meaux. La troisième partie se termine par un appendice de vingt pages en quinze leçons sur les principales fêtes de l'année liturgique. A la fin, est ajouté un petit Catéchisme comprenant 13 pages en 13 leçons.

Après la chute de l'Empire, les diocèses de Normandie reviennent à leurs anciens Catéchismes.

Mgr Brault ne changea rien aux Statuts de Mgr de Luynes et de Mgr de Cheylus sur l'enseignement du Catéchisme dans son diocèse. Il supprima seulement la partie relative à l'enseignement du Catéchisme dans les écoles.

Son successeur, Mgr Duperrier, reproduisit textuellement les mêmes ordonnances dans ses Statuts de 1824 (art. 128).

Mgr Robin, dans l'édition des Statuts de 1853, qui suivit le Concile provincial de Rouen, conserva la même rédaction dans l'art. 144 sur le Catéchisme. Il y ajouta un art. 145, pour défendre aux curés et aux prêtres chargés de préparer les enfants à la première communion, d'enseigner et de mettre entre leurs mains des Catéchismes qui n'auraient pas reçu son approbation, imprimée en tête de chaque exemplaire.

Mgr Didiot, dès son arrivée dans le diocèse, en 1856, eut la pensée de modifier le Catéchisme en usage depuis le milieu du siècle dernier. Il fit appel aux lumières de prêtres savants et expérimentés; il soumit une première rédaction aux Conférences. A la fin de l'année 1857, le travail touchait à sa fin, et il le publiait au mois de décembre de l'année suivante. Il nous indique lui-même les motifs qui l'avaient déterminé à refondre le Catéchisme de Mgr de Luynes.

« Sans avoir la prétention de faire mieux que nos devanciers, « dont nous avons à cœur de respecter et reproduire la pensée, « écrit-il dans le mandement qui l'imposait au diocèse, nous « avons du moins la consolation d'offrir un corps de doctrine « plus à la portée des jeunes intelligences auxquelles il s'adres- « se, et enrichi des accessoires que réclament le mouvement des « esprits et les progrès de l'éducation chrétienne.....

« Il ne nous reste, ajoute-t-il, qu'à vous dire avec l'immortel « Pontife à qui Dieu, dans sa miséricorde, a remis le gouver- « nement de l'Eglise : « *En ce temps périlleux, nous devons,* « *vous et nous, faire les plus grands efforts, employer tous les* « *moyens, lutter avec une constance inébranlable, déployer* « *une vigilance continuelle pour tout ce qui touche aux écoles,* « *à l'instruction de la jeunesse et à l'éducation religieuse des* « *enfants de l'un et l'autre sexe.* » Là, nos chers Collabora- « teurs, est tout le secret de la régénération chrétienne et so- « ciale ; là sont nos espérances pour l'avenir. S'il est vrai que « Dieu ait fait les nations guérissables, si les peuples égarés « par de fausses doctrines doivent rentrer dans les voies qu'ils « ont abandonnées depuis un siècle, c'est par les générations « nouvelles que doit commencer cette grande restauration. « Mettons donc courageusement la main à l'œuvre. Versons la « vérité à pleines mains dans les jeunes âmes confiées à notre « sollicitude. »

Nous ne pouvons mieux terminer cette Notice que par ces nobles et généreuses paroles. Elles expriment nos sentiments. Elles allumeront dans nos âmes le zèle qui embrasait celle de notre vénéré Prédécesseur.

O. Payan, impr. de Mgr l'Évêque.

www.ingramcontent.com/pod-product-compliance
Ingram Content Group UK Ltd.
Pitfield, Milton Keynes, MK11 3LW, UK
UKHW022149260726
13993UKWH00005B/2244